Richard Deiss

Die schönsten Bauwerke der Weserrenaissance

Meine Liste der 55 schönsten Weserrenaissancebauten

Impressum

Autor: Richard Deiss
Cover: Richard Deiss

Kontakt: richard.deiss@gmail.com

Verlag: BoD · Books on Demand GmbH,
                  Überseering 33, 22297 Hamburg,
                  bod@bod.de

Druck: Libri Plureos GmbH, Friedensallee 273,
                  22763 Hamburg

ISBN: 978-3-7693-5452-2

Zweite Auflage 2025, Originalausgabe

Bibliografische Information der Deutschen Nationalbibliothek
Die Deutsche Nationalbibliothek verzeichnet diese Publikation in der Deutschen Nationalbibliografie; detaillierte bibliografische Daten sind im Internet über http://dnb.d-nb.de abrufbar

Inhaltsverzeichnis

Vorwort   5
Einleitung   6

1. Bremen   9
2. Niedersachsen   14
3. Nordrhein-Westfalen   46
4. Hessen   81

Schlußwort   82
Zum Autor   82

Quellennachweis   83

Schloss Hämelschenburg

Vorwort

Ich bin ein Städte-Vielreisender und habe in Deutschland bereits alle 2047 Städte besucht. Bei meinen Städte-Besuchen zwischen Bremen, Paderborn und Hameln fielen mir immer wieder Bauten der Weserrenaissance positiv auf. Zudem hatte ich in den letzten Jahren mehrere Fachwerkhausbücher veröffentlicht und im Norddeutschlandband sowie dem zu NRW waren mehrere Bauten der Weserrenaissance enthalten. Zusätzlich publizierte ich ein Buch zu den schönsten Rathäusern Deutschlands und auch dieses enthielt verschiedene Weserrenaissancerathäuser. Das brachte mich auf die Idee, die bereits in diesen Bänden enthaltenen Weserrenaissancegebäude mit anderen bereits besuchten, wie Schlössern und Steinhäusern, in einem kleinen Bändchen zusammenzufassen. Da sich meine Reisen meist auf die Innenstädte konzentrierten, sind dort zu findende Weserrenaissance-Bauten recht gut abgedeckt, während ich weiter draußen gelegene Schlösser oft noch nicht besucht habe. Ich hoffe, die Sammlung in Zukunft durch weiter von den Städten entfernte Gebäude ergänzen zu können.

Im Büchlein sind 70 Gebäude enthalten. Eine gute Basis, um die aus meiner Sicht 55 schönsten auswählen zu können. Gleichzeitig zeige ich Teillisten zu den schönsten Fachwerkhäusern und Rathäusern in diesem Stil. Die Liste ist Work in Progress, weitere Reisen können zu Veränderungen dieser subjektiven Liste führen. Ich freue mich jedoch, wenn das Buch interessierte LeserInnen findet, die es lehrreich und unterhaltsam finden. Kommentare sind willkommen. Vielleicht werden LeserInnen auch angeregt, das eine oder andere Weserrenaissancegebäude selbst in Augenschein zu nehmen.

Viel Spaß beim Lesen und dem Betrachten der Bilder.

Isny im Mai 2025
Richard Deiss

Einleitung

Der Weserrenaissancestil, ist, wie der Name sagt, in den Regionen um die Weser verbreitet. Das sind Städte von Bremen die Weser entlang bis Hameln und Hannoversch Münden, aber auch Orte östlich davon bis Wolfsburg und westlich davon in Ostwestfalen-Lippe. Südlich von Hannoversch Münden, wo sich Fulda und Werra zur Weser vereinigen, erstreckt sich der Einfluss der Weserrenaissance noch bis Kassel und Bad Hersfeld.

Enthaltene Gebäude nach Bundesländern

Im Buch enthalten	Orte	Weserrenaissance-Gebäude		
		Insg.	Top 55	Top 25
Bremen	1	4	4	2
Niedersachsen	18	31	24	14
Nordrhein-Westf.	13	34	27	9
Hessen	1	1	0	0
Insgesamt	**30**	**70**	**55**	**25**

Gebäude in den Top-55 werden im Buch mit ★, Gebäude in den Top 25 mit ★★ gekennzeichnet. Gebäude, an denen eine Infotafel zu finden ist mit ❐, Gebäude, zu denen es einen Wikipedia-Artikel gibt, mit 🗎.

Meine Top 25 der Weserrenaissancebauten
(mit Wikipedia Artikel:🗎)

Die Top-5 Weserrenaissance-Rathäuser

Bundesland	Rathaus, Ort
Bremen	**Rathaus** 🗎
Niedersachsen	**Rathaus,** Alfeld 🗎
	Altes Rathaus, Celle 🗎
	Rathaus, Hann. Münden 🗎
NRW	**Rathaus,** Paderborn 🗎

Die Top-10 Weserrenaissance-Fachwerkgebäude

Bundesland	Fachwerkgebäude, Ort
Niedersachsen	Lateinschule, Alfeld 📄 ☆
	Altes Rathaus, Einbeck 📄
	Eickesches Haus, Einbeck 📄
	Hafenmeisterhaus, Holzminden
	Stiftshaus, Hameln 📄
	Strukturstraße, Verden 📄
Nordrhein-Westfalen	Haus Backs, Bad Salzuflen
	Amelunxenscher Hof, Höxter 📄
	Haus Horstkotte, Höxter
	Spieker, Lichtenau-Atteln

Die Top-5 Weserrenaissance-Bürgerhäuser und Schulgebäude

Bundesland	Bürgerhäuser, Waagen und Schulen, Ort
Bremen	Stadtwaage 📄
Niedersachsen	Leisthaus, Hameln 📄
	Juleum, Helmstedt 📄
Nordrhein-Westfalen	Hexenbürgermeisterhaus, Lemgo 📄
	Heisingsches Haus, Paderborn

Die Top-5 Weserrenaissance-Schlösser 📄

Bundesland	Schlösser, Ort
Niedersachsen	Hämelschenburg, Emmerthal 📄
	Schloss, Celle 📄
	Schloss, Stadthagen 📄
Nordrhein-Westfalen	Schloß Neuhaus, Paderborn 📄
	Schloss Brake, Lemgo 📄

Änderungen in der zweiten Auflage

In der zweiten Auflage wurden folgende Gebäude neu auf-
genommen.

Niedersachsen

Gifhorn	Schloss
Stade	Bürgermeister-Hintze-Haus
Stadthagen	Schloss
Stadthagen	Altes Rathaus
Stadthagen	Bürgerhaus Markt 4

Nordrhein-Westfalen

Bielefeld	Spiegelshof

Die wichtige Weserrenaissance-Stadt Stadthagen mit dem
ältesten Weserrenaissanceschloss Niedersachsens ist
dadurch besser vertreten. Die Zahl der vorgestellten Gebäude
stieg durch die neu aufgenommenen von 64 auf 70.

Um Platz zu schaffen, wurden drei Gebäude, die nicht zum Kern-
bestand der Weserrenaissance-Architektur gehören, in die Über-
sichtstabellen am Schluss der Länderkapitel verlagert:

Bückeburg, Rathaus (Neo-Renaissance)
Minden. Haus Schmieding (Neo-Renaissance)
Bielefeld, Battig-Haus (nur Elemente der Weserrenaissance)

1. Bremen

Rathaus (1410/1608) ★ ★ □ 🗎

Das Bremer Rathaus ist sowohl ein bedeutender Bau der Backsteingotik als auch, nach späteren Umbauten, der Weserrenaissance. Der 1405-1410 entstandene gotische Bau bekam ab 1608 eine von **Lüder von Bentheim** entworfene Südfassade im Weserrenaissancestil, die noch heute die Ansicht des Gebäudes prägt. Das Rathaus überstand den Zweiten Weltkrieg weitgehend unbeschädigt. Seit 2004 gehört es mit dem großen Roland auf dem Platz davor zum UNESCO Weltkulturerbe der Menschheit.

Adresse: Am Markt 21

Stadtwaage (1588/1961) ★ ★ ☐ 🗎

Einst war das Gebäude Standort der städtischen Waage. Diese war notwendig, um Kunden vor Betrügern zu schützen. Erbaut wurde die Stadtwaage, ein Backsteinbau mit Sandsteinverzierungen, 1587-1588 durch **Lüder von Bentheim** (1555-1613), ein wichtiger Bremer Architekt der Weserrenaissance. Im Oktober 1944 wurde das gesamte Gebäude durch einen Bombenangriff zerstört. Nur die Außenmauern blieben stehen. Der Vordergiebel wurde unter Verwendung der alten Steine nach dem Krieg schnell rekonstruiert. Die Rückseite des Gebäudes sollte erst in moderner Weise wieder errichtet werden. Schließlich setzte sich eine vereinfachte historisierende Rekonstruktion durch.

☞ Das benachbarte einst prächtige Weserrenaissance-Essighaus wurde im Krieg außer dem Erdgeschoss ebenfalls zerstört. Später wurde das historische Erdgeschoss in einem modernen Bau integriert. Dieser wurde 2022 abgerissen. Zurzeit wird das Gebäude neu errichtet, statt einer ursprünglich geplanten Rekonstruktion sollen nur Fassadenteile des historischen Essighauses sichtbar werden.

Ein Infoschild an der Stadtwaage informiert:

Stadtwaage
1587-88 durch Lüder von Bentheim errichtet. Bedeutender Bau der Weserrenaissance mit fein gegliederter Fassade aus rotem Ziegelstein und Sandstein. 1927 begann hier die Bremer Rundfunkgeschichte mit der Errichtung einer Sendestelle der Norddeutschen Rundfunk AG. 1944 weitgehend zerstört. Beim Wiederaufbau durch die Sparkasse Bremen 1952-61 Rückgiebel nach Entwürfen des Denkmalpflegers Rudolf Stein neu gestaltet. Innenausbau durch Herbert Anker und Friedrich Heuer.

Gewerbehaus (1622/1959 rekonstruiert) ★ ☐ 🖺

Das 1619 bis 1622 errichtete und, nach Kriegszerstörung, 1948 bis 1959 rekonstruierte Gewerbehaus ist Sitz der ältesten deutschen Handwerkskammer. Der aus Lemgo stammende Bildhauer und Baumeister Ernst Crossmann (1585-1622), der auch das Essighaus gestaltete und an der Vollendung des Bremer Rathauses beteiligt war, gestaltete teilweise die Steinhauerarbeiten.

Gewerbehaus
Sitz der Handwerkskammer Bremen
1619 bis 1622 Bau zweier Häuser für Wandschneider (Tuchhändler) im Stil der Weser-Renaissance
1685 bis 1861 Krämeramts- Ballhaus
1862 bis 1863 durch Umbau der Gewerbekammer zu einem Gebäude vereinigt
1944 weitgehend zerstört
1948 bis 1959 Wiederaufbau unter Verwendung von Teilen anderer Giebel

Adresse: Ansgaritorstraße 24

Schütting (16. Jahrhundert) ★ ☐ 📄

Schütting, das Haus der Handelskammer, wird teilweise dem Weser-Renaissancestil zugerechnet. Ursprünglich 1537-1538 errichtet, erhielt es 1565 einen Ostgiebel im Renaissancestil. In den 1590er Jahren entstand die Marktfassade. Der Zwerchgiebel geht vermutlich auf den Architekten **Lüder von Bentheim** zurück, der später auch das Bremer Rathaus entwarf. Im Jahre 1944 durch Bomben zerstört wurde bis 1956 die Fassade in alter Form wieder hergestellt.

Adresse: Am Markt 13

2. Niedersachsen

In Niedersachsen gibt es in den beiden größten Städten, Hannover und Braunschweig, keine Weserrenaissancebauten. Östlich davon, obwohl noch weiter entfernt von der Weser, treten sie jedoch wieder auf, so in Wolfsburg und Gifhorn. In Hannover (Leibnizhaus) und Braunschweig (Gewandhaus) gibt es jedoch Renaissancegebäude, welche dem Stil der Weserrenaissance nahekommen. Auch ganz im Süden des Landes, so in Hildesheim und Göttingen, sind Weserrenaissancegebäude nicht zu finden. Noch weiter südlich, in Hessen in Kassel und Bad Hersfeld finden sich auch wieder einzelne Gebäude dieser Stilrichtung.

Schloss Hämelschenburg in Emmerthal

Rathaus (1586) ★ ★ □ 🖹

Das zur Zeit der Gotik erbaute Rathaus wurde 1584-1586 im Stil der Weserrenaissance umgebaut. Der achteckige Treppenturm mit welscher Haube prägt heute sein Erscheinungsbild. Zudem gibt es einen Schmuckstanderker, eine Utlucht. Im Jahr 2004 wurde das Gebäude aufwändig renoviert.

Adresse: Marktplatz 1

Lateinschule (1612) ★ ★ 📄

Die 1610-12 von Andreas Steiger errichtete **Lateinschule**, ab 1813 Lehrerseminar und seit 1928 Museum, zeichnet sich durch den Reichtum an figürlichen Schnitzwerken aus. Das Relief zeigt unter anderem die Sieben Freien Künste, die neun Antiken Musen und die Tugenden. 1978-83 erfolgte eine Fassadenrenovierung, 1989 ein Innenumbau.

Adresse: Am Kirchhof 4/5

Stadtkirche (1615) ★ ▢ 📄

Die Bückeburger Stadtkirche wurde 1611-1615 durch den Tessiner Bildhauer und Architekten Giovanni Maria Nossenia (1544-1620) errichtet. Im Innern ist die Gestaltung nachgotisch. Die Schaufassade ist reich mit Ornamentwerk entsprechend der niederländischen Spätrenaissance gestaltet. Gleichzeitig gilt die Kirche als wichtigster Sakralbau der Weserrenaissance. Im Krieg blieb sie unzerstört. Durch Brandstiftung wurden jedoch im Advent 1962 Orgel und Altar zerstört.

Adresse: Lange Straße 9

Schloss (1560) ★ 📄

Ab 1560 wurde die ursprüngliche Wasserburg auf Anordnung von Otto IV. von Schaumburg in eine vierflügelige Schlossanlage im Weserrenaissancestil umgewandelt. Als sein Sohn Bückeburg zur Residenzstadt von Schaumburg Lippe machte kamen das Schlossportal und verschiedene Verwaltungsgebäude hinzu. Im Ostfügel des Schloses findet sich heute das Niedersächsische Landesarchiv Bückeburg.

Adresse: Schloßplatz 1

Altes Rathaus (Nordgiebel 1579) ★ ★ ☐ 📄

Während der Nordteil des Rathauses bereits 1292 entstand, wurde der Nordgiebel im Stil der Weserrenaissance erst 1579 errichtet. Als bei Restaurierungsarbeiten im Jahr 1985 verschiedene Farbschichten entdeckt wurden, fand man darunter auch eine Illusionsmalerei aus dem 17. Jahrhundert, die im Norden einmalig war und daraufhin wiederhergestellt wurde. Noch heute macht sie die Fassade zu einem Hingucker.

Adresse: Markt 14-16

Schloss (Renaissancestil 1530-60) ★ ★ □ 📄

Das Celler Schloss geht auf eine Wasserburg aus dem Jahre 980 zurück. Unter Friedrich dem Frommen wurde diese 1471 bis 1478 erweitert. Ab 1530 wurde die Anlage im Renaissancestil ausgeschmückt. Die damals vierflügelige Anlage zeigte damals die typischen Merkmale der Weserrenaissance. Ab 1670 wurde das Schloss im Barockstil, der teilweise bis heute das Erscheinungsbild prägt, umgebaut. Das Schloss blieb im Zweiten Weltkrieg unzerstört.

Adresse: Schloßplatz 1

Altes Rathaus (1562) ★ ★ ☐ 📄

Der Kern des **Alten Rathauses** von Einbeck entstand bereits im 13. Jahrhundert. Nach dem Stadtbrand von 1540 wurde beim Wiederaufbau auf das steinerne Untergeschoss ab 1562 ein Obergeschoss aus Fachwerk aufgesetzt. 1593/94 kamen noch die drei schiefergedeckten Zwerchhäuser mit ihren spitzen Dächern hinzu. Die Hansestadt Einbeck war durch das Brauen des europaweit beliebten *Ainpöckisch Bier*, das durch Zusatz von Hopfen haltbarer und exportfähig wurde, seit Mitte des 14. Jahrhundert zu einer wohlhabenden Stadt geworden und konnte sich solche repräsentativen Architekturelemente leisten. Nach 1866 wurde das Gebäude tiefgreifend restauriert.

Adresse: Marktplatz

Eickesches Haus (1612) ★ ★ ❑ 📄

Das **Eickesche Haus** gilt als eines der bedeutendsten Zeugnisse niedersächsischer Holzbaukunst. Es verdankt seinen Namen der Eigentümerfamilie Eicke (1875-1938). Da Haus ist sehr reich mit Schnitzereien verziert. Vor allem die Brüstungsplatten zeigen eine Überfülle figürlicher Darstellungen.

Adresse: Marktstraße 13

Schloss Hämelschenburg (1618) ★ ★ 📄

Mitte des 14. Jahrhunderts entstand die Burg Hämelschenburg. Ab 1588 wurde sie über einen Zeitraum von 30 Jahren als Wasserschloss neu errichtet. Die Baumeister sind nicht sicher belegt, vermutlich baute Kurt Tönnis den Nordflügel und Johann Hundertossen den Südflügel. Das Schloss überstand den Dreißigjährigen Krieg und den Zweiten Weltkrieg ohne Zerstörung. In den 1970er Jahren wurde der Putz abgeschlagen und das Bruchsteinmauerwerk kam wieder zum Vorschein. Heute befindet sich das Schloss in Privatbesitz wird aber als Museum teilweise zugänglich gemacht.

Adresse: Schloßstraße 1

Schloss Gifhorn (1581) ★ ❑ 📄

Bemerkenswert am zwischen 1525 und 1581 an Stelle einer Was-serburg erbauten und bis 1790 mit Wassergräben, Wällen und Bastionen festungsmäßig aus-gebauten Schloss Gifhorn, dass es nie eingenommen wurde. Auch im Zweiten Weltkrieg blieb es unzerstört. Heute sitzen im Schloss Mu-seen, Gastronomiebetriebe und verschiedene Einrichtun-gen des Landkrieses Gifhorn.

Adresse: Schloßplatz 1

Hochzeitshaus (1617) ★ ☐ 📄

Das 1610 bis 1617 errichtete Hochzeitshaus war das letzte Steingebäude, welches im Weserrenaissancestil in Hameln gebaut wurde. Das Haus diente damals als Fest und Feierhaus, sein Name leitet sich aus ‚hohe Zeit', der Zeit des Jahres, in welcher Feste gefeiert wurden, ab und nicht von der Hochzeit. Seit den 1950er Jahren ist im Haus das Standesamt Hamelns untergebracht und so wird es doch der heutigen Interpretation seines namens gerecht. Ein Glockenspiel an der Fassade zeigt 3 x täglich die Rattenfängersage.

Adresse: Osterstraße 2

Stiftsherrenhaus (1558) ★ ★ ☐ 🗎

Der Baumeister des 1558 fertiggestellten Stiftsherrenhauses ist unbekannt. Bauherr war der Hamelnern Bürgermeister Friedrich Poppendiek. Die Fassade zeigt reichen Bilderschmuck mit Motiven aus der Bibel sowie Planetengötter. 1975 wurde das traufständige Gebäude renoviert und beherbergt seither im Erdgeschoss ein Museum.

Adresse: Osterstraße 8

Leisthaus (1589) ★ ★ □ 🗎

Das Haus wurde 1585-89 durch Baumeister Cord Tönnis für den Patrizier Gerd Leist errichtet. Die Sandsteinfassade ist mit einer Backsteinbemalung versehen. Der Giebel ist mit Voluten und Obelisken geschmückt, die Utlucht ist reich verziert. Seit 1912 befindet sich das Museum Hameln im Leisthaus.

Adresse: Osterstraße 9

Haus Rattenkrug (1569) ☐

Die rückwärtige Ansicht zeigt den ursprünglich gotischen Baustil
des Gebäudes. 1569 erhielt es eine Sandstein-Fassade, die auch
dem Weserrenaissancestil zugerechnet wird. Seit 1870 findet sich
eine Gaststätte im Haus. Am Gebäude informiert eine Tafel:

1568/69 erbaute Meister Cord Tönnis diese Renaissance-Fas-
sade für Johann Rike, der 1576 Bürgermeister von Hameln
wurde.

Adresse: Bäckerstraße 16

Rattenfängerhaus (1602) ★ ☐ 📄

Das seit 1900 als Rattenfängerhaus bezeichnete Gebäude wurde 1602-03 von den Baumeistern Johann Hundertossen und Eberhard Wilkening für den Ratsherren Hermann Arendes errichtet. Die Bezeichnung des Hauses geht auf einer Inschrift in einem Holzbalken an der Seite des Gebäudes zurück. Diese berichtet vom Auszug der Hamelner Kinder im Gefolge des Rattenfängers im Juni 1284. Seit 1917 gehört das Haus der Stadt Hameln. Heute findet sich im Erdgeschoss ein Restaurant.

Adresse: Osterstraße 23

Dempterhaus (1607) ★□

Das Haus ist nach seinem Erbauer Tobias von Dempter benannt. Die unteren Geschosse sind in Sandstein, die oberen in Fachwerk ausgeführt. Am deutlichsten zeigt sich der Weserrenaissancestil in der Utlucht mit ihrem detailreichen Sandsteingiebel.

Adresse: Am Markt 7

Rathaus (14. Jahrhundert/1618) ★ ★ ☐ 📄

Der Kern des Mündener Rathauses stammt aus dem 14. Jahrhundert. Ein Umbau zwischen 1603 und 1618 verhalf ihm jedoch zu einer Schaufassade im Stil der Weserrenaissance. Die Fassade ist von drei Zwerchhäusern geprägt. Auffallend ist das prunkvolle Hauptportal. Fast so prunkvoll und dekorativ ist ein Fassadenvorbau (eine Utlucht) rechts an der Frontseite.

Adresse: Lotzestr. 1

Juleum (1612) ★ ★ 📄

1576 wurde in Helmstedt durch Herzog Julius die welfische Universität gegründet. Ein entsprechendes Universitätsgebäude fehlte jedoch und so wurde dieses 1592 bis 1612 im Weserrenaissancestil errichtet. Nach dem Begründer der Universität wurde es Juleum genannt.

Das mehrgeschossige Hörsaal- und Bibliotheksgebäude der ehemaligen Universität fällt heute durch seine rote Fassade und die grazile Architektur auf. Es gilt als eines der bedeutendsten Profanbauten der Renaissancezeit in Norddeutschland.

Adresse: Collegienplatz 1

1.

Münchhausenhof (1583) 📄

Der Münchhausenhof war einst ein Burgmannshof, dessen Herren-
haus 1583 im Stil der Weserrenaissance errichtet wurde. Er gehört
zu den größten und bedeutendsten Adelshöfen der Grafschaft
Schaumburg.

Adresse: Weserstraße 14

Haus des Hafenmeisters (17. Jahrhundert) ★ ★ ▢

Das kleine Hafenmeisterhäuschen wurde einst aus den Materialien eines im 17. Jahrhundert abgerissenen Gebäudes der Altstadt erbaut. Eine Tafel informiert:

Historische Hafenanlage Holzminden- **Haus des Hafenmeisters**
Der Hafenmeister ist für die Verwaltung und den reibungslosen Hafenbetrieb zuständig. Ihm steht in unmittelbarer Umgebung des Hafens ein Haus zur Verfügung. Wie alle Gebäude der frühen Neuzeit in Holzminden ist dieses Haus in Fachwerkbauweise errichtet. Die Holzverbindungen und die vorkragenden Giebel sind typische Merkmale der Weserrenaissance im 16. und 17. Jahrhundert. Die Gefache sind mit Weidengeflecht und Lehmputz, im unteren Bereich als Hochwasserschutz mit Bruchsteinausmauerung versehen. Das Dach ist in regionaltypischen Sandsteinplatten gedeckt.

Adresse: Hafendamm 15

Rathaus (1585) ☐ 🖹

Ursprünglich war das Rathaus ein spätgotisches Bauwerk, 1582-1585 wurde es jedoch im Stil der Weserrenaissance umgestaltet. Dabei erhielt es an der westlichen Seite einen Staffelgiebel mit zweigeschossiger Auslucht. Die übrige Wand ist durch Gesimse und Pilaster gegliedert.

Adresse: Marktplatz 1

Ledenhof (1588) ★ ▢ 📄

Der Ledenhof in Osnabrück besteht aus drei Gebäude teilen. Das Steinwerk (im Bild nicht sichtbar), der Palas, der 1588 fertiggestellt wurde und Einflüsse der Weserrenaissance zeigt und der Treppenturm, der ebenfalls am Ende des 16. Jahrhunderts entstand.

Adresse: Am Ledenhof 3

Historisches Rathaus (Ende 16. Jahrhundert) ★ ☐

Das alte Rintelner Rathaus geht bis auf das 13. Jahrhundert zurück. Ende des 16. Jahrhunderts wurde es im Stil der Weserrenaissance mit Bruchsteinfassade umgestaltet und blieb seither unverändert. Die Stadtverwaltung ist mittlerweile längst in ein neues Gebäude umgezogen, das alte Rathaus dient heute noch als Restaurant und Veranstaltungsgebäude.

Adresse: Klosterstraße 19

Bürgermeister-Hintze-Haus (1621) ★ 🗎

Der damalige Bürgermeister und Reeder Heino Hintze ließ einem spätmittelalterlichen Haus 1621 eine prachtvolle Weserrenaissance-Fassade vorblenden. 1930 musste das Gebäude wegen Baufälligkeit abgerissen werden. 1932/33 wurde die Fassade mit gesichertem alten Material vor einem verkürzten Neubau wiederaufgebaut.

Adresse: Wasser West 23

Stadthagen

Stadthagen ist eine wichtige Stadt der Weserrenaissance. Zu den bedeutenden Bauten gehört das Schloss (unten). Es gilt als ältestes Baudenkmal der Weserrenaissance in Niedersachsen. Zu weiteren wichtigen Weserrenaissancebauten (in Sandstein) der Stadt gehören das Alte Rathaus und das Bürgerhaus Markt 4.

Schloss (1539) ★ ★ 🖹

Das Schloss Stadthagen wurde 1535-1539 anstelle einer 1224 erbauten Wasserburg durch den Baumeister Jörg Unkair (1500-1553) geplant und errichtet und verwendet Zierformen noch in sparsamer Weise. Ursprünglich war es verputzt, der Putz wurde erst 1874 abgeschlagen. Der im Bild sichtbare Treppenturm im Hof zeigt noch die ehemalige Anmutung des Schlosses, da seine einstige Außenfarbigkeit bei einer Renovierung 1975 wieder hergestellt wurde. Heute sitzt das Finanzamt von Stadthagen im Schloss.

Adresse: Schloßpark

Altes Rathaus (1602) ☐ 📄

Als das erste Rathaus von Stadthagen nicht mehr den Ansprüchen
genügte baute man das ebenfalls am Marktplatz gelegene Zeughaus
nach Plänen des längst verstorbenen Baumeisters Jörg Unkair 1595
bis 1602 mit Oberkirchner Sandstein im Weserrenaissancestil um.
Die Stirnseiten tragen welsche rundliche Giebel. Die traufenstän-
digen Zwerchhäuser zeigen ebenfalls welsche Giebel.

Adresse: Markt 1

Bürgerhaus Markt 4 (1610) ❏

1610 wurde am Markt unweit vom Rathaus ein weiteres in Sandstein ausgeführtes Weserrenaissancegebäude erbaut, das Bürgerhaus Markt 4, welches einst Braurecht hatte. Bis 1973 gab es hier Brauereiausschank der Städtischen Brauerei, deren Betrieb 1978 eingestellt wurde. Eine Tafel informiert, dass Wilhelm Busch den Ausschank oft besuchte.

Adresse: Markt 4

Strukturstraße 7 (1577) ★ ★ 🗎

Am Rande der Altstadt findet sich ein dreigeschossiges, unter dem Einfluss des Weserrenaissance-Stils erbautes Ziegelfachwerkhaus. Die Fassade zeichnet sich im Giebelbereich durch ein reiches ornamentales Schnitzwerk aus, mit großen Fächerrosetten.

Adresse: Strukturstraße 7

Bürgerhaus (1561) ☐

Am gelb gestrichenen Fachwerkhaus mit seiner deutlich ausgeprägten Utlucht und den glaub-gelben Fächerrosetten informiert eine Tafel:

> Das Bürgerhaus wurde 1561 durch Jan van Bremen im Stil der Weserrenaissance erbaut.

Adresse: Ritterstraße 20

Schloss (Ende 16. Jahrhundert) ★ 🖹

Die Wolfsburg war ursprünglich eine um 1300 erbaute Wasserburg, die ab 1574 in ein Renaissanceschloss umgewandelt wurde. Das Schloss gehört heute der Stadt Wolfsburg, wird für Veranstaltungen und Ausstellungen genutzt sowie durch das Wolfsburger Stadtmuseum.

Adresse: Schlossstraße 8

Weitere Renaissancearchitektur in Niedersachsen

<table>
<tr><td colspan="3" align="center">Braunschweig</td></tr>
<tr>
<td>Gewand-
haus, Ost-
giebel
(1591), Alt-
stadtmarkt,</td>
<td></td>
<td>Das Gewandhaus am Altstadt-markt diente ursprünglich der Gilde der Gewandschneider als Lager, Verkaufs- und Gilde-haus. Das Gebäude stammt aus dem 13. Jahrhundert, der Ost-giebel im Stil der Renaissance wurde 1590-91 errichtet. Im 2. WK brannte das Gewandhaus aus, der Ostgiebel blieb stehen.</td>
</tr>
<tr><td colspan="3" align="center">Bückeburg</td></tr>
<tr>
<td>Rathaus
(1906),
Markt 2-4</td>
<td></td>
<td>Das Rathaus von Bückeburg ist ein historistischer Bau der 1905-1906 im Stil der Weserrenais-sance errichtet wurde. Damals stifteten zahlreiche Bürger für den Bau, so beispielsweise für die Stühle im Historischen Saal.</td>
</tr>
<tr>
<td>Leibniz-
haus
(1499/
1983),
Holzmarkt
5,</td>
<td></td>
<td>Das Leibnizhaus wurde ur-sprünglich 1499 im Renais-sancestil erbaut. Der Philosoph Leibniz wohnte hier 1698 bis 1719. 1943 wurde es bei einem Luftangriff zerstört. 1981-83 wurde an anderer die Fassade an einem Neubau originalge-treu rekonstruiert. Der Giebel ähnelt der Architektur der We-serrenaissance.</td>
</tr>
<tr><td colspan="3" align="center">Wolfenbüttel</td></tr>
<tr>
<td>Zeughaus
(1619),
Schloß-
platz</td>
<td></td>
<td>Das Zeughaus wurde 1613 bis 1619 als Kaserne und Kriegs-gerätelager erbaut. Sein Spät-renaissancestil ähnelt besonders in den Giebeln der Weser-renaissance. Es gilt als eines der größten Renaissancebauten Norddeutschlands.Seit 1974 ist das Gebäude Bestandteil der Herzog August Bibliothek.</td>
</tr>
</table>

4. Nordrhein-Westfalen

Obwohl sich die Weserrenaissance in NRW auf die kompakte Region Ostwestfalen-Lippe beschränkt, ein Gebiet, das wesentlich kleiner ist als der Weserrenaissanceraum in Niedersachsen, gibt es dort mindestens genauso viele Bauten dieses Stils. Wichtige Orte der Weserrenaissancearchitektur in NRW sind Höxter, Lemgo, Detmold, Minden und Paderborn.

Schloss Neuhaus in Paderborn

Historisches Rathaus (1547) ★ ❐

Der 1545-47 im spätgotischen Stil erbaute Bruchsteinbau bekam in den 1580ern einen Giebel in der Formensprache der Weserrenaissance. Anfangs diente er auch als Trinkstube, Hochzeits- und Tanzhaus, als Gerichtszimmer und bot Lagerräume für Leinen und Zehntkorn. 1859-60 erhielt die Vorderseite einen neugotischen Treppenaufgang. ☞ Als ich die Stadt wegen ihrer Fachwerkhäuser besuchte, war das Rathaus eine zusätzliche schöne Entdeckung.

Adresse: Am Markt 26

Haus Backs (1581) ★ ★ (□)

Das Haus Backs ist das bedeutendste Fachwerkhaus der Stadt. Die Restaurierung wurde 1988 mit der Europa Nostra Medaille ausgezeichnet. ☞ Mittlerweile könnten die damals von Farbe gekennzeichneten und heute leicht verwitterten Fachwerketagen eine neue Restaurierungsrunde vertragen. Im Haus findet sich heute eine Kaffeerösterei.

Adresse: Mühlenstraße

Lange Straße 33 (1612) ★

Das 1612 durch Arend Bade errichtete Fachwerkgiebelhaus Lange
Straße 33 weist auffällige Verzierungen auf, darunter Fächerrosetten, Ranken und Flechtwerk. Es zeigt auf Straßenseite eine über-
giebelte Auslucht (Standerker). Heute sitzt im Haus die Traditions-
bäckerei Wiebusch.

Adresse: Lange Straße 33

Am Markt 34 (1564) ★ und Am Markt 32 ★

Das prächtige Weserrenaissance-Haus Am Markt 34 ließ Bürger-
meister Johann Barkhausen 1564 erbauen. Der fünfgeschossige
Giebel zeigt zwischen Pilastern zahlreiche Rundbogenfenster.
Am Markt 32 wurde 1530-31 durch Bürgermeister Jobst Gießen-
bier erbaut und ähnelt etwas dem gegenüberliegenden Rathaus.
Über dem Eingang befindet sich ein Adam und Eva Reliefstein.

Altes Amtshaus (1572) ★

Das Giebelhaus wurde 1572 im Stil der Weser-Renaissance errich-tet. Die Fassade ist reich mit Schnitzereien geschmückt, darunter unterschiedlich ausgeführte Dreiviertel-Rosetten mit Medaillons mit verschiedenen Motiven im Zentrum geschmückt. Ursprünglich das Pfortenhaus der Blomberger Burg, Residenz der Edelherren zu Lippe, wohnten hier die Verwalter des Amtes Blomberg. Die Nachfahren des letzten Amtmannes lebten bis 1938 im Haus, wel-ches heute weiter als Wohnhaus genutzt wird.

Adresse: Pideritplatz 5

Grestscher Hof (16. Jahrhundert) 📄

Der **Gretsche Hof** wurde im 16. Jahrhundert als Adelshof des Bürgermeisters von Gretse außerhalb der mittelalterlichen Stadtmauern erbaut. Später diente das Gebäude als Waisenhaus und Cholera-Station bis es 1869 als Nordflügel in den Neubau des damaligen Gymnasiums integriert wurde.

Adresse: Nebelswall

Spiegelshof (1540) ❐ 🗎 ★

Der **Spiegelshof** ist ein verputzter Bruchsteinbau und zeigt an den Schmalseiten Radzinnengiebel (Bild). Das Treppenhaus kam erst 1682 hinzu. Heute sitzt im Spiegelshof das Naturkunde-Museum. Am Museum wurde ein großer Stein deponiert- der Bielefels.

Adresse: Kreuzstraße 20

Pastorenhaus (1654) ★ ☐

Ein Schild am ehemaligen Pastorenhaus informiert:

Das Fachwerkhaus diente nur für relativ kurze Zeit als Pfarrhaus, ist jedoch für das Ortsbild bedeutend. Das große Deelentor erinnert daran, dass dieses Haus ein Ackerbürgerhaus war. Jeder Pfarrer musste seinen Lebensunterhalt mit einer eigene Landwirtschaft sicherstellen. Auffallend sind die Ornamente der Weserrenaissance: der Zierbalken mit seinen farbigen Halbkreisrosetten über einem reichhaltig gestalteten Schwellbalken, dessen Motive sich nicht wiederholen.

Adresse: Tanfanastraße 1

Fürstliches Residenzschloss (um 1560) ★ 📄

Um 1200 wurde an dieser Stelle ein Wirtschaftshof in eine Wasserburg umgebaut. Ab 1549 wurde diese durch den Baumeister Jörg Unkair zu einem Renaissanceschloss umgebaut. Als Unkair 1553 starb, wurde die Arbeit von Johann Robyn fortgesetzt und von Cord Tönnis vollendet. Bis heute wird das Schloss vom Familienoberhaupt des Hauses Lippe bewohnt.

Adresse: Schloßplatz 1

Schmerimenhaus (1587) ★ ☐ 📄

Infotafel am Gebäude:

> **Patrizierhaus mit Weserrenaissancefassade**
>
> 1580/87 als eines der ersten Steinhäuser erbaut unter Teilen des Vorgängerhauses aus 1547. Es galt um 1600 neben dem Schloss als schönstes Gebäude der Stadt. Bis 1650 wohnte hier Johannes Schmerimem, der 1592 bis 1605 regierender Bürgermeister war. 1873 wurde das Erdgeschoß durchgreifend umgebaut und diente seither als Geschäftshaus.

1987 wurde die Fassade in den historischen Zustand zurückversetzt.

Adresse: Lange Straße 14

Lange Straße 36 (1504) ☐

Eine Tafel am Haus informiert:

Fachwerkgiebelhaus, 1504 erbaut.

Besonders reichhaltige Schnitzereien an den hölzernen Brüstungsplatten, den Ständern und Riegeln im Stil der Weserrenaissance. 1979/80 vom Putz befreit und teilweise rekonstruiert.

Krumme Straße 40 (1634) ★ ▢

Eine Tafel am Haus informiert:

1634 erbaut als ein typisches Beispiel des Stils der Weserrenaissance. Besonders reichhaltige Schnitzereien an den Brüstungsplatten. Der Erker wurde im Zuge der Sanierung 1980/81
rekonstruiert.

Erwitte

Schloss (17. Jahrhundert) 📄

Im 17. Jahrhundert ließ eine Adelsfamilie das Schloss in der Nähe einer bereits vorhandenen Burg errichten. Danach wechselte es mehrfach den Besitzer, bevor es 1920 von der Gemeinde Erwitte gekauft wurde. Das Schloss zeichnet sich durch seine prunkvollen Räume aus. Seit 2024 werden im Schloss auch Hochzeiten ausgerichtet.

Adresse: Schloßallee 14

Neustädter Rathaus (1579, Giebel 1600/1988) ★ ▢ 🗎

Das Neustädter Rathaus diente bis zur Zusammenlegung mit der Altstadt im Jahre 1634 als Rathaus der Herforder Neustadt. Der ursprüngliche Staffelgiebel im Stil der Weserrenaissance war im 20. Jahrhundert so baufällig geworden, dass er 1930 abgerissen wurde. 1988 wurde er schließlich rekonstruiert.

Adresse: Lübberstraße 31

Rathaus (1618) ★ □ 📄

Das **Rathaus von Höxter** stammt vermutlich aus dem 12. Jahrhundert und gehört damit zu den ältesten Rathäusern Nordwestdeutschlands. Im Mittelalter diente es jedoch auch als Markt- und Tuchhalle und als Gerichtsort. Auf ein rechteckiges Bruchsteingebäude wurde 1608-18 ein Fachwerkobergeschoss mit vorkragendem Giebel aufgesetzt. Ein dieser Zeit entstammender, markanter dreigeschossiger Treppenturm weist ebenfalls teilweise eine Fachwerkfassade auf. Die Stadtverwaltung ist in den 1960er Jahren ausgezogen. Heute finden sich im Gebäude die Tourist-Information der Stadt und eine Bar und es finden dort Veranstaltungen statt.

Adresse: Weserstraße 11

Amelunxenscher Hof (Dechanei) (1571) ★ ★ □ 📄

Der ursprüngliche Corveysche Lehnshof wurde von Christoph von Amelunxen 1564-1571 im Stil der Weserrenaissance umgebaut. Auf der zweigiebligen Front sind aufwändige Schnitzarbeiten, darunter 60 Fächerrosetten, zu sehen. Die Fassade des rechten Gebäudeteils zeigt einen zweigeschossigen Standerker, eine Auslucht, im Niederdeutschen Utlucht genannt. Seit 1796 ist im Hof das Pfarrhaus der katholischen Kirchengemeinde und das Wohnhaus des Pfarrdechanten (ein Dechant ist ein Pfarrer mit Führungsaufgaben) untergebracht, deshalb wird das Haus auch **Dechanei** genannt.

Adresse: Marktstraße 21

Haus Horstkotte (1554) ★ ★ ☐

Das **Haus Horstkotte** ist ein reich bebildertes Fachwerkhaus der Frührenaissance. Auf der Fassade sind sechs verschiedenen Landsknechte dargestellt, vermutlich nach einer Vorlage des Nürnberger Illustrators Virgil Solis. Die Fassade ist reich mit Pflanzenornamenten geschmückt, teilweise in Halbkreisen zusammen mit Drachenpaaren.

Adresse: Stummrigestraße 19

Adam und Eva Haus (1571) ★

Das Adam und Eva Haus heißt so, weil auf dem rechten Eckständer der Sündenfall dargestellt ist. Vom reichen Getreidehändler Mollner erbaut gehört es zu den prächtigsten Fachwerkhäusern Höxters. Zu den Weserrenaissance-Elementen gehören Fächerrosetten, Perlschnurornamente und Neidmasken.

Adresse: Schnakenstraße 5

Rathaus (14. Bis 17. Jahrhundert) ★ ☐ 🖹

Das Rathaus von Lemgo ist ein organisch gewachsener Komplex verschiedener Gebäudeteile und Stilepochen. Ursprung war ein langgestreckter Saalgeschossbau. Im 16. Jahrhundert wurde das Gebäude erweitert und bekam eine Rathausfassade. Der Nordteil wird heute durch eine Apotheken-Auslucht im Weserrenaissancestil geprägt.

Adresse: Marktplatz 1

Rathaus: Apotheken-Auslucht (1612)

Anders als der komplexe Bau des Rathauses insgesamt zeigt die Apotheken-Auslucht ganz deutlich den Weserrenaissancestil. An der Fassade sind Persönlichkeiten zu sehen, die damals in diesem Bereich als wichtige Denker galten, wie Galen, Hippokrates und Paracelsus.

Rathaus: Ratslaube (1565) und Kornherrenstube (1589)

1565 wurde dem Nordportal die Ratslaube vorgesetzt und 1589 wurde dieser noch die Kornherrenstube aufgesetzt. Beide Teile zeigen Merkmale der Weserrenaissance wie einen reichen Figuren- und Flächenschmuck

Hexenbürgermeisterhaus (1571) ★ ★ ▢ 📄

1568-1571 ließen der Kaufmann Hermann Kruwel und seine Frau Lisbeth Fürstenau das Haus, wohl durch den Lemgoer Baumeister Hermann Wulff, erbauen. Es zeigt eine detailreiche Fassade im Stil der Weserrenaissance. Am linken Teil der Fassade ist ein Vorbau, eine Utlucht zu sehen, am rechten Teil ein Erker. In der Utlucht und im Erker sind Figuren dargestellt. Seinen Namen erhielt das Haus, weil es von Hermann Cothmann bewohnt war, 1667-1683 Bürgermeister der Stadt . Er galt bei den Hexenprozessen in Lemgo als Hexenjäger.

Adresse: Breite Straße 19

Schloss Brake (1587) ★ ★ 🗋

Vorläufer des Schlosses Brake war eine Turmhügelburg aus dem
11. Jahrhundert. 1447 wurde die Wasserburg Brake zerstört. Der
Neubau des Schlosses auf den Grundmauern der Burg begann im
16. Jahrhundert, 1587 wurde es im Stil der Weserrenaissance aus-
gebaut. 1932 kam das Schloss in den Besitz des Kreises Lemgo.
1983 wurde es saniert und seit 1986 ist es Sitz des Weserrenais-
sance-Museums.

Adresse: Schloßstraße 18

Spieker (1588) ★ ★ 📄

Trotz des Namens, der Speicher bedeutet, war der **Spieker** wohl kein Teil eines Bauernhofes. Ein Haus des Handwerks war er wohl auch nicht. Eher war er ein Vogtshaus bzw. Amtshaus, zu welchem ein Speicher gehörte. Nach der Restaurierung gilt das Gebäude im Weserrenaissancestil als das schönste Fachwerkhaus der Gegend.

Adresse: Am Spieker

Haus Hagemeyer (1594) ★

Das **Haus Hagemeyer** wurde 1592-1594 erbaut. Heute ist es mit dem 2009 errichteten Neubau des Kaufhauses Hagemeyer baulich verbunden. Die Fassade gliedert sich durch Säulen und 30 Fensteröffnungen, die in den unteren Etagen rechteckig und im Giebel mit Rundbögen versehen sind. Schäden im Zweiten Weltkrieg wurden 1949/50 durch eine Restaurierung behoben.

Adresse: Am Scharn 11-17

Haus Hill (um 1590) ★

Wie das Haus Hagemeyer wurde auch das **Haus Hill** Ende des 16. Jahrhunderts als repräsentatives Bürgerhaus errichtet. Der Weserrenaissance-Stil zeigt sich hauptsächlich im mit Voluten verzierten Giebel mit seinen rundbogigen Fensterluken, eingefasst von Halbsäulen. Die unteren Stockwerke wurden dagegen im 18. Jahrhundert verändert. In den 1950er Jahren wurden zwei Erker am Haus entfernt.

Adresse: Bäckerstraße 45

Regierung von Ostwestfalen (1906) ❑

Infotafeln am Neurenaissancegebäude, welches 1902-06 im Stil der Weserrenaissance erbaut wurde, informieren:

Dieses Baudenkmal wurde 1902 bis 1906 für die Regierung von Ostwestfalen anstelle des nicht mehr ausreichenden Gebäudes am Großen Domhof nach Plänen von Paul Kieschke und Paul Kanold errichtet. Es manifestiert im Neorenaissancestil die alte Tradition Mindens als preußische Verwaltungsstadt. Nach starker Beschädigung durch Luftangriff 1945 wieder aufgebaut….
Paul Kieschke und Paul Kanold gestalteten die repräsentative Vierflügelanlage mit Präsidialwohnung und Archivflügel im Stil der Weserrenaissance. Die reiche Ausmalung der Innenräume im Renaissancestil ist fast vollständig erhalten. Die Regierung wurde 1947 nach Detmold verlegt. 1987 wurde das Gebäude umfassend restauriert.

Adresse: Weserglacis 1

Paderborn

Rathaus (1620) ★ ★ ☐ 📄

Das Rathaus von Paderborn gilt als bedeutendes Beispiel der Weserrenaissance. Im Zweiten Weltkrieg wurde es fast völlig zerstört.
Von 1948-1957 wurde es wieder aufgebaut. Während innen historische Treppen durch Stahlbetontreppen ersetzt werden mussten,
wirkt das äußere Erscheinungsbild wieder historisch authentisch.
Die spitzen, fein geschwungenen Giebel im Zusammenspiel mit
der klaren Geometrie modularer Fenster ergeben eine interessante
Anmutung, die zudem durch Erdgeschossarkaden nach italieni-
schem Vorbild bereichert wird.

Adresse: Rathausplatz 1

Adam-und-Eva-Haus (um 1560) ★ ❑ 📄

Das Fachwerkhaus im Weserrenaissance-Stil zeichnet sich durch seine reichen Schnitzereien aus. Das Schnitzfries mit Fächerrosetten erzählt die Geschichte Adam und Evas, vom Sündenfall bis zur Vertreibung aus dem Paradies. Nach einem Brand im Jahr 1971 wurde das Gebäude bis 1976 wieder restauriert und instandgesetzt. Im Haus war von 1977 bis 2015 das Museum für Stadtgeschichte untergebracht.

Adresse: Hathumarstraße 7

Heisingsches Haus (um 1580) ★ ★ ❑ 🖹

Vermutlich wurde das Gebäude Mitte der 1580er Jahre durch Bürgermeister Johann Schlobbe errichtet. Das Barockportal wurde jedoch erst 1741 gestaltet. 1835 erwarb die Kaufmannsfamilie Heising das Haus und bewohnte es die folgenden Jahrzehnte. Im März 1945 wurde Paderborn durch Bomben stark zerstört. Vom Heisingschen Haus blieb die Fassade stehen, während der Rest ausbrannte.1949-50 wurde das Haus wiederaufgebaut und 1976 und 2008 saniert. Heute finden sich im Erdgeschoss Läden, während die die oberen Geschosse von der Stadtverwaltung genutzt werden.

Adresse: Marienplatz 2

Gymnasium Theodorianum (1614) ★ 📄

Das Gymnasium Theodorianum gehört zu den ältesten noch bestehenden Schulen im deutschen Sprachraum, die Wurzeln gehen bis
auf eine 799 gegründete Domschule zurück. Ab 1580 übernahmen
Jesuiten im damals protestantischen Paderborn nach und nach die
Schule. Das noch heute bestehende Schulgebäude wurde 1612-
1614 im von der Weserrenaissance beeinflussten Stil erbaut. Heute
hat das Gymnasium etwa 700 Schüler.

Adresse: Kamp 4

Schloss Neuhaus (1590) ★ ★ 📄

Das von einem Wassergraben umgebene Schloss Neuhaus liegt fast inselartig am Zusammenfluss gleich dreier Flüsse: Lippe, Alme und Pader. Bereits im 13. Jahrhundert wurde an dieser Stelle ein burgartiges Gebäude errichtet. Von 1524 bis 1590 entstanden die heutigen Gebäudeteile des Schlosses. Das Schloss wird seit den 1960er Jahren teilweise als Schulgebäude genutzt.

Adresse: Schloßstraße 10

Rathaus (1579) ★ ☐ 📄

Das Fachwerk-**Rathaus** von Schwalenberg (Ostwestfalen-Lippe) wurde 1579 erbaut. Mit seiner reicht verzierten Fassade gilt der Gebäudekomplex im Stil der Weserrenaissance mit seinen vier Teilgebäuden als bedeutendstes Bauwerk des kleinen Ortes, der heute Stadtteil der Gemeinde Schieder-Schwalenberg ist. Schwalenberg hat sich einst als Malerstadt einen Namen gemacht.

Adresse: Marktstraße 7

Ähnliche (Neo-)Renaissancearchitektur in NRW

Bielefeld		
Altes Rathaus (1904), Niederwall 27 📄		Das 1902 bis 1904 erbaute Rathaus löste das Altstadtrathaus am Alten Markt ab und war einst das Neue Rathaus Bielefelds. Dessen Neorenaissancestil erinnert an die Weserrenaissance. Nach Kriegsschäden vereinfacht wiederaufgebaut.
Battig-Haus (1680) 📄		Das **Battig-Haus** wurde bereits in der Barockzeit erbaut, zeigt aber noch den Stileinfluss der Weserrenaissance. Im 2. WK wurde das Gebäude zerstört, es brannte innen völlig aus, nur der Giebel blieb erhalten. Dieser wurde anschließend in einen Bank-Neubau eingebaut.
Herford		
Wulferthaus (1560), Neuer Markt 2 📄		Das 1560 für Ratsherren und Kaufmann Jobst Wulfert erbaute Haus hat einen Stufengiebel, dessen Verzierungen der Lippe-Renaissance zugeschrieben werden. In Herford gegenüber dem Weserrenaissancegebäude Neustädter Rathaus.
Lemgo		
Mittelstraße 56 (1556), **Mittelstraße 58** (1559)		Beide Häuser von Baumeister Ludolf Crosmann erbaut. An der Fassade Nr. 56 Elemente der Spätgotik und der Renaissance. Giebel erinnert an Weserrenaisance. Nr 58 mit Steingiebel in teilweise gotischer Anmutung ähnelt weniger der Weserrenaissanceanmutung.
Minden		
Haus Schmieding (1909), Markt 20		1909 im historisierenden Baustil errichtet. Das Ehepaar Schmieding hatte im Hildesheimer Dom geheiratet und war vom Knochenhaueramtshaus so beeindruckt, dass sie dessen Architektur nachahmten. Das Gebäude zeigt in der Fassadengliederung, im Erker und steilen Dach Einflüsse der Weserrenaissance

4. Hessen

Bad Hersfeld

Rathaus (1612) ☐ 📄

Zwischen 1607 und 1612 wurde das 1371 erbaute gotische Rathaus der Stadt im Renaissancestil erweitert und umgebaut. Der vierstöckige Zweiflügelbau hat hohe Zwerchgiebel im Stil der Weserrenaissance. Auf dem Südflügel sitzt ein Dachreiter. Das Rathaus wurde bis heute weder durch Kriege noch Brände beschädigt.

Adresse: Weinstraße 16

Schlusswort

Ich hoffe, die kleine Sammlung von besonderen Weserrenaissancegebäuden ist für die LeserInnen unterhaltsam und anregend. Über Hinweise zu weiteren interessanten Gebäuden würde ich mich freuen. Kommentare zur bestehenden Sammlung sind ebenfalls willkommen. Am besten an:
Richard.deiss@gmail.com

In Landau/Isar gesehen.

Zum Autor

Richard Deiss stammt aus Isny im Allgäu, studierte in den 1980er Jahren in München Geografie und arbeitete ab den 1990er Jahren als Verkehrsplaner und im Bereich der Statistik. Heute lebt er in der Nähe von Aachen und in Isny. Bei BoD hat er seit 2006 bereits 80 Titel publiziert, zuletzt neun Bücher zu von ihm besuchten Städten und 2 Wortspielbücher. Zurzeit arbeitet er an einer Buchreihe zu Gedenk- und Informationstafeln. Seine Bücher decken Themengebiete ab, zu denen es bisher wenige Veröffentlichungen gibt.

Quellennachweis:

Bilder: R. Deiss

Texte: Informationen zu den Texten:

Wikipedia wurde als Quelle für alle Gebäude benutzt, die durch ein 🗎 gekennzeichnet sind. Zusätzliche Quellen:

Bad Salzuflen, Historisches Rathaus
https://www.staatsbad-salzuflen.de/a-historisches-rathaus

Bad Salzuflen, Haus Backs
https://www.staatsbad-salzuflen.de/a-haus-backs-in-bad-salzuflen

Blomberg, Altes Amtshaus
https://www.baukunst-nrw.de/objekte/Altes-Amtshaus-Blomberg--2177.htm

Bückeburg, Rathaus
https://www.weserbergland-tourismus.de/de/poi/rathaus/rathaus-bueckeburg/14418032/

Höxter, Haus Horstkotte
https://www.hoexter-tourismus.de/poi/haus-horstkotte

Höxter, Adam und Eva Haus
https://www.hoexter-tourismus.de/poi/adam-und-eva-haus

Minden, Haus Hagemeyer
https://www.baukunst-nrw.de/objekte/Haus-Hagemeyer-Minden--1244.html

Minden, Haus Hill
https://www.baukunst-nrw.de/objekte/Haus-Hill-Minden--1246.html

Minden. Haus Schmieding
https://www.teutoburgerwald.de/region/ausflugsziele/mein-ziel/haus-schmieding

Verden, Ackerbürgerhaus Strukturstraße
https://www.verden.de/info/poi/ackerbuergerhaus-7000655-20680.html

Verden, Bürgerhaus Ritterstraße 20
https://www.verden.de/info/poi/ackerbuergerhaus-7000655-20680.html

Architekturbücher des Autors bei BOD, www.bod.de

Deutschlands schönste Fachwerkhäuser
Meine Liste der 100 schönsten Fachwerkgebäude in Deutschland
Norderstedt 2023

Die schönsten Fachwerkhäuser in Norddeutschland
Meine Liste der 77 schönsten Fachwerkhäuser in den 5 nördlichen
Bundesländern, Norderstedt 2024

Die schönsten Fachwerkhäuser in Nordrhein-Westfalen
Meine Liste der 77 schönsten Fachwerkhäuser in NRW,
Norderstedt 2024

Die schönsten Fachwerkhäuser in Hessen
Meine Liste der 77 schönsten Fachwerkhäuser in Hessen,
Norderstedt 2024

Die schönsten Fachwerkhäuser im Westen Deutschlands
Meine Liste der 55 schönsten Fachwerkhäuser in Rheinland-Pfalz
und im Saarland, Norderstedt 2024

Die schönsten Fachwerkhäuser Süddeutschlands
Meine Liste der 77 sehenswertesten Fachwerkgebäude in
Süddeutschland mit Schwerpunkt Baden-Württemberg,
Norderstedt 2024

Die schönsten Fachwerkhäuser Bayerns
Meine Liste der 55 sehenswertesten Fachwerkgebäude in Franken
und in Bayerisch Schwaben, Norderstedt 2024

Schwangere Auster und Hohler Zahn
555 Gebäudebeinamen und was dahintersteckt, Norderstedt 2019

Haussmann, Holl und Hillebrecht
77 Denkmäler für Architekten, Baumeister und Stadtplaner,
Norderstedt 2023